Zhongguo Wenhua
Zhishi Duben

中国文化知识读本

主编

金开诚

编著

于 元

甲骨文

吉林出版集团有限责任公司

吉林文史出版社

图书在版编目（CIP）数据

甲骨文 ／ 于元编著. —— 长春：
吉林出版集团有限责任公司：吉林文史出版社，2009.12 （2023.4重印）
（中国文化知识读本）
ISBN 978-7-5463-1936-0

Ⅰ.①甲… Ⅱ.①于… Ⅲ.①甲骨文-简介 Ⅳ.
①K877.1

中国版本图书馆CIP数据核字(2009)第237217号

甲骨文

JIAGUWEN

主编/ 金开诚 编著/于 元
项目负责/崔博华 责任编辑/曹 恒 崔博华
责任校对/梁丹丹 装帧设计/曹 恒
出版发行/吉林出版集团有限责任公司 吉林文史出版社
地址/长春市福祉大路5788号 邮编/130000
印刷/天津市天玺印务有限公司
版次/2009年12月第1版 印次/2023年4月第6次印刷
开本/660mm×915mm 1/16
印张/8 字数/30千
书号/ISBN 978-7-5463-1936-0
定价/34.80元

前 言

　　文化是一种社会现象，是人类物质文明和精神文明有机融合的产物；同时又是一种历史现象，是社会的历史沉积。当今世界，随着经济全球化进程的加快，人们也越来越重视本民族的文化。我们只有加强对本民族文化的继承和创新，才能更好地弘扬民族精神，增强民族凝聚力。历史经验告诉我们，任何一个民族要想屹立于世界民族之林，必须具有自尊、自信、自强的民族意识。文化是维系一个民族生存和发展的强大动力。一个民族的存在依赖文化，文化的解体就是一个民族的消亡。

　　随着我国综合国力的日益强大，广大民众对重塑民族自尊心和自豪感的愿望日益迫切。作为民族大家庭中的一员，将源远流长、博大精深的中国文化继承并传播给广大群众，特别是青年一代，是我们出版人义不容辞的责任。

　　本套丛书是由吉林文史出版社和吉林出版集团有限责任公司组织国内知名专家学者编写的一套旨在传播中华五千年优秀传统文化，提高全民文化修养的大型知识读本。该书在深入挖掘和整理中华优秀传统文化成果的同时，结合社会发展，注入了时代精神。书中优美生动的文字、简明通俗的语言、图文并茂的形式，把中国文化中的物态文化、制度文化、行为文化、精神文化等知识要点全面展示给读者。点点滴滴的文化知识仿佛颗颗繁星，组成了灿烂辉煌的中国文化的天穹。

　　希望本书能为弘扬中华五千年优秀传统文化、增强各民族团结、构建社会主义和谐社会尽一份绵薄之力，也坚信我们的中华民族一定能够早日实现伟大复兴！

目录

一、略谈甲骨文

兽骨上的简单符号

早在远古时期，我们的祖先便开始用图画来表达思想、传递信息了。后来，这些图画画得越来越多，人们就将图画加以抽象化，形成符号。我们现在使用的汉字就是由这些符号逐渐演变而来的。

我国考古工作者在西安西郊原始社会遗址中发掘出一批原始先民刻写的甲骨文，字体极小，笔画细如游丝。这批甲骨文比河南安阳出土的甲骨文要早1200年以上，可见远在商代之前，我国就已经有甲骨文了。

从1899年甲骨文首次发现到现在，据学者胡厚宣统计，共计出土甲骨154600多片，其中大陆收藏 97600 多片，台湾省收藏 30200 多片，香港收藏 89 片，我国总计收藏 127900 多片。此外，日本、加拿大、英国、美国等国家共收藏 26700 多片。这些甲骨上刻的单字约有 4500 个，已释读出的字约有 2000 个左右。

上述这些数字随着岁月的推移和考古工作的进一步深入，每时每刻都有可能在增加。

中国的文字萌芽较早，在新石器时代仰韶文化的陶器上就发现了各种符号，那是中国文字的雏形。经过两三千年的发展，到商代时我国的文字已经达到成熟的阶段了。

商代的甲骨文具有一定的体系，并有很严密的规律。它不仅刻画精湛，而且内容丰

仰韶文化彩陶

商代我国的文字就已趋于成熟

富，对中国古文字的研究和历史研究都有重要的作用。

过去，古文字研究的主要依据是商周青铜器上的铭文和东汉许慎所著的《说文解字》。

甲骨文比《说文解字》早 1500 多年，源于直接发掘出来的文物，可信程度极高，对研

《说文解字》

究汉字的起源和发展、解决青铜器铭文中悬而未决的问题、纠正《说文解字》的疏失等方面都有极重要的价值。

甲骨文是一种中国古代的文字，是现代汉字的早期形式，也是汉字的书体之一，堪称中国现存最古老的一种成熟文字。

我们要谈的甲骨文主要指殷墟甲骨文，又称"殷墟文字""殷契""甲骨卜辞"，是殷商时代刻在龟甲和兽骨上的文字。

殷墟是著名的殷商遗址，范围包括河南省安阳市西北小屯村、花园庄、侯家庄等地。

因为这里曾经是殷商都城所在地，所以人们称之为"殷墟"。

殷墟出土的甲骨文大多是商王朝统治者的占卜记录。商代统治者极其迷信，对于打仗能不能胜利，一旬之内会不会有灾祸，天会不会下雨，农作物能不能有好收成，应该对哪些鬼神进行哪些祭祀，甚至生育、疾病、做梦、出行等等都要进行占卜，以了解鬼神的意志和吉凶祸福。

商代占卜所用的材料主要是乌龟的腹甲、背甲和牛的肩胛骨。

占卜时先在用以占卜的甲骨的背面挖出或

安阳殷墟博物馆出土的马车

殷墟甲骨文石刻群

钻出一些小坑,这种小坑被甲骨学家称为"钻
凿"。占卜时先在这些小坑上加热,使甲骨
表面产生裂纹。这种裂纹称为"兆",商王
或从事占卜的人根据兆的形状来判断吉凶。

甲骨卜辞

　　然后，占卜官员把占卜的有关事情，如占卜时间、占卜者、占问内容、占卜结果、验证情况等刻在甲骨上，作为档案材料由王室史官保存起来。除占卜刻辞外，甲骨文献中还有少数记事刻辞。甲骨文献的内容涉及天文、地理、历法、气象、方国、宗教、祭祀、世系、人物、职官、征伐、刑狱、农业、畜牧、田猎、交通、疾病、医药、生育、灾祸、科学、技术等，因而是研究中国古代特别是商代社会历史、文化生活、语言文字的极其珍贵的第一手资料。

　　从殷商的甲骨文来看，当时的汉字已经发

甲骨文残片

展成能够完整记载汉语的文字体系了。

甲骨文中既有大量的象形字、指事字、会意字，也有很多形声字。这些文字和我们现在使用的汉字在外形上虽有较大的区别，但从结构上看，二者基本上是一致的。

二、『甲骨文之父』

王懿荣像

甲骨文虽然是公元前 1700 年的文字，但直到 19 世纪末才被清廷国子监祭酒王懿荣发现。因此，我们可以说，殷商灭亡后，甲骨文在地下沉睡了近 4000 年。

王懿荣（1845—1900 年），字正儒，又字廉生，山东福山古砚村（在今山东烟台）人，出身于封建士大夫家庭。

王懿荣 6 岁入本村王氏家塾读书，15 岁随父亲进京。父亲做官，他在家勤奋读书。

王懿荣自幼聪颖过人，广涉书史，过目不忘。

王懿荣纪念馆

　　王懿荣喜爱旧版书、古彝器和碑刻字画，尤潜心于金石之学。为搜求文物古籍，他足迹遍及鲁、冀、陕、豫、川等地。凡书籍字画和夏、商、周三代以来之铜器、印章、货币、残石、片瓦，王懿荣无不珍藏。

　　王懿荣曾先后拜访当时著名的收藏家兼金石学家潘祖荫、吴大澂等人，同他们共同切磋学问。

　　王懿荣撰有《汉石存目》《南北朝存石目》《福山金石志》《古泉选》等书，是当时著名的金石学家。

王懿荣收藏的甲骨

光绪六年(1880年)，36岁的王懿荣考中进士。光绪九年（1883年），王懿荣出任翰林院编修。光绪二十年(1894年)，王懿荣升任侍读，并入值南书房。

王懿荣才高八斗，学富五车，时人称其为"太学师"，曾出任翰林院庶常馆教习、国子监祭酒。国子监祭酒是太学最高长官。

光绪二十五年(1899年)，王懿荣首先发现甲骨文，并将其时代断为商代。他的研究成果轰动了中外学术界，把汉字的历史推到公元前1700多年的殷商时代，从而开创了文字学、历史学研究的新局面。

王懿荣十分敬仰我国民族英雄戚继光。光绪十四年(1888年)，他重印戚继光的文集《止止堂集》，并为之作序。

光绪二十年(1894年)，中日甲午战争爆发。王懿荣忧心如焚，上书朝廷，要求回乡办团练，抗击日寇。获准后，他迅速赶赴济南，会同山东巡抚商酌防务。继而又赴登州(今山东蓬莱)遍观海陆地形，组成了一支抗日武装。

在山东莱阳，友人赠给王懿荣一把当年戚继光用过的宝刀。这把宝刀薄如纸，清如水，上面刻有"万历十年，登州戚氏"款。王懿荣得了这把宝刀之后，感慨万分，心潮澎湃，当即舞刀赋诗道："岂有雄心辄请缨，

王懿荣首先发现甲骨文，并将其时代断为商代

念家山破自魂惊。归来整旅虾夷散，五更犹闻匣剑鸣。"他决心整军经武，击溃日寇。

正当王懿荣准备率军迎击日寇时，李鸿章却同日本政府签订了丧权辱国的《马关条约》。王懿荣壮志未酬，黯然神伤。随后，他变卖家产，缴还国家饷银，遣散抗日将士。山东巡抚见他损失太大，曾赠以千金，他分文不收。

光绪二十六年（1900 年），八国联军进攻北京。王懿荣文武全才，为时人所重，因而受命于危难之际，被任命为京师团练大臣，负责率领军民保卫京城。

同年 7 月 20 日，帝国主义侵略军攻入东便门。王懿荣临危不惧，亲率团练奋勇抗敌，

王懿荣十分景仰民族英雄戚继光

终因寡不敌众而失败。

八国联军占领北京后，王懿荣拒绝出逃，又不愿做亡国奴，毅然携夫人、长媳投井殉国，时年 56 岁。

关于王懿荣发现甲骨文，历史上有过一段佳话：

1899 年秋，时任国子监祭酒的王懿荣染上了疟疾，用了好多药均不见效。这时，一位老中医给他开了一剂药方，药方上的一味中药吸引了他的目光：龙骨。"龙骨什么样？难道真是龙的骨头吗？"王懿荣产生了极大的好奇心，一时竟把病痛也忘了。

河南安阳殷墟

原来，3000年前，商朝第20位帝王盘庚从山东"奄"（今山东曲阜）迁都到"殷"（今河南安阳西北小屯村）。当年，那里到处是雄伟的宫殿和巍峨的宗庙，是商朝全国政治、经济、文化中心。公元前1046年，周武王联合诸侯伐商，商纣王兵败，逃至鹿台自焚而死。从盘庚到纣王，商王室在殷都共传八代，计十王，历经273年。周灭商后，繁华一时的殷都逐渐荒芜，沦为一片废墟，成了耕地，被后人称为"殷墟"。

清朝末年，小屯村农民耕地时，常常掘出一些骨头片，不知其为何物。因骨体较大，近代见所未见，农民便称其为"龙骨"。后来，有个叫李成的农夫身上长了许多疥疮，又疼又痒，无钱医治，无意中捡起人们随手扔掉的龙骨，用力捏成白面，撒在身上疥疮处。不料，白面很快被脓血吸收，不久身上的疥疮竟然全好了。李成高兴极了，忙把乡亲们扔掉的龙骨收集起来，跑到城里卖给中药店。他说这东西叫龙骨，是药材，能治疥疮。于是，龙骨成了一味中药。

清光绪二十四年（1898年）冬天，山东潍县古董商范维卿从河南安阳购得许多龙骨，作为珍贵药材贩卖到北京中药店。

王懿荣是国子监祭酒，又是京城里有名的金石学家，人品又好，在京师学界深孚众望。

甲骨片最初被当做龙骨入药

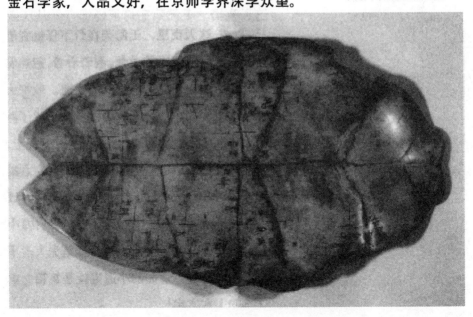

王懿荣擦拭"龙骨"时，发现上面有许多刻痕，这令他欣喜若狂

平日里，京中的名流学士都愿意同他打交道，谁得了什么宝物都想请他鉴定，向他讨教。

这天夜里，王懿荣在灯下仔细查看从药店买回来的龙骨。看着看着，忽然发现上面有许多用刀刻的小道道。他把大大小小的龙骨对来对去，竟然拼成了两三块龟板！他仔细地擦去龟板上的泥土，上面刻的小道道更加清晰了。他左右端详，根据他渊博的金石学知识，再参考读过的《周礼·春官》和《史记·龟策列传》中的记述，他发现所谓龙骨就是先人占卜用的龟板！上面的小道道就是篆籀之前的上古文字！

王懿荣买下全城龙骨，仔细研究其中的奥秘

　　第二天，王懿荣吩咐家人到北京各大中药店将带字的龙骨全部买下。他从骨头上认出了好多古字，读出了商代许多湮没已久的秘密。

　　中国最古老的文字被国学大师王懿荣发现了！他将北京学界好友请到家中，向他们宣布了这个惊人的消息。当他们把玩王懿荣递过来的龙骨时，一个个不禁目瞪口呆，都说这是老祖宗的东西，可要珍惜呀！

　　不久，这一消息震惊了世界。

　　光阴荏苒，日月如梭。1989 年 10 月，王懿荣发现甲骨文 90 周年之际，为纪念这位首次发现甲骨文的爱国学者，山东省文物局、烟

王懿荣纪念馆

台福山区人民政府在家乡为王懿荣建立了"王懿荣纪念馆"。

王懿荣纪念馆分 7 个展室，展出了王懿荣的遗物，有手札、书信、著作、书法、甲骨文骨片等计 300 余件。

馆内还收藏了国家领导人、国内外著名历史学家、甲骨文学者、书画家的题词和字画珍品，计 200 余幅。

王懿荣纪念馆落成后，立即成了山东省优秀社会教育基地和烟台市爱国主义教育基地。

由于王懿荣在甲骨文方面的卓越贡献，被世人公认为"甲骨文之父"，受到全世界人民的敬仰。

三、甲骨文的种类

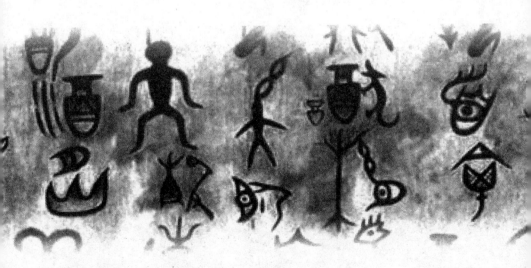

根据构字法，甲骨文可分为六种。

甲骨文的字形与意义有密切的关系

甲骨文的字形和意义有密切的关系，了解分析甲骨文的字形有助于了解其字义。尤其在学习古代汉语时，有必要了解甲骨文的形体构造。

关于甲骨文的形体构造，传统有"六书"的说法。六书是象形、指事、会意、形声、转注、假借等六种造字方法。

象形字是最早产生的文字

第一种 象形字

象形字在甲骨文中是把事物的轮廓或具有特征的部分描绘出来。

象形字纯粹利用图画作为文字使用，这些文字与所代表的东西在形状上极其相似。象形字是最早产生的文字，用线条或笔画把要表达的物体的外形或局部特征具体地勾画出来。如雨像天上掉下来的雨滴；壶像一把壶；马就是一匹有鬃、有腿的马；日接近圆形，中间有一横，很像人们在直视太阳时所看到的形状；鸟像一只鸟的形状；鱼像一尾有鱼头、鱼身、鱼尾的游鱼；牛像牛角；门是左右两扇门的形状。

象形字来自图画文字，但图画性质已经减弱，

象形字"牛"

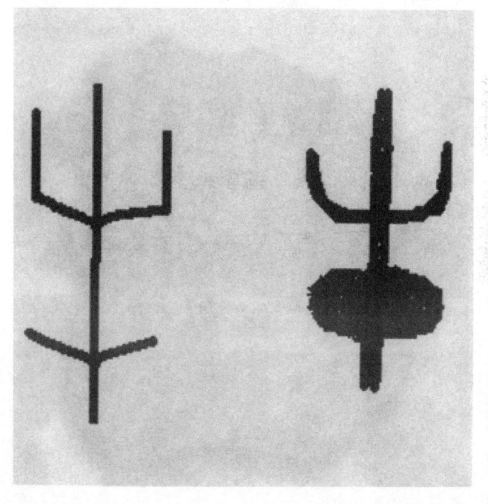

象征性质大大增强了。

　　象形是一种最原始的造字方法，其局限性很大，因为有些实体事物和抽象事物是画不出来的。因此，汉字逐渐发展成表意文字，增加了其他造字方法，如六书中的会意、指事、形声等。这些新的造字方法仍以象形字为基础，通过拼合、减省或增删象征性符号等手段进行造字。

象形字来自图画文字

甲骨文

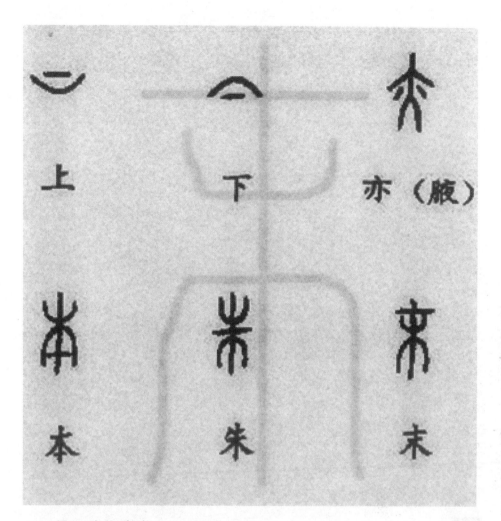

上　下　亦（腋）

本　朱　末

第二种 指事字

指事是一种用记号指出事物的特点的造字方法。例如：

上　下　亦

甲骨文在"一"的上面加一点指出"上"的意思，在"一"的下面加一短横指出"下"的意思。第三个字是先画一个人，然后在人的

甲骨文的种类
029

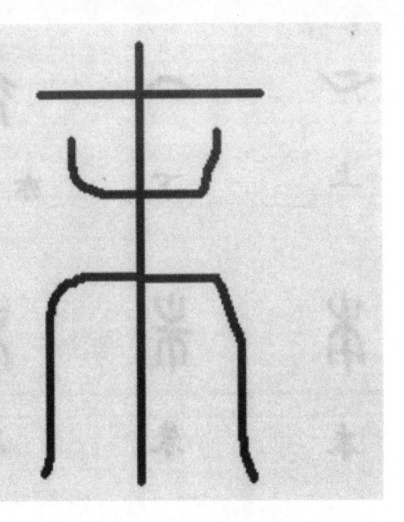

指事字

两腋之下加点指出"腋"的意思,"亦"是"腋"的本字。

指事字是用抽象的指示符号来表达字义的造字方法。

指事字有两种表达方法:

其一、使用纯抽象符号,如:"上""下"。

其二、在象形字上增加指示符号来造字,

如：“亦”。

　　指事字是一种抽象的造字方法，也就是当不能或不方便将具体形象画出来时，就用抽象符号来帮助造字。

　　第三种 会意字

　　会意字由两个以上的形体组成，把它们的意义组合成一个新的意义，让人们看了可以体会出来。例如：

步　逐　鬥（斗）莫　牧

会意字

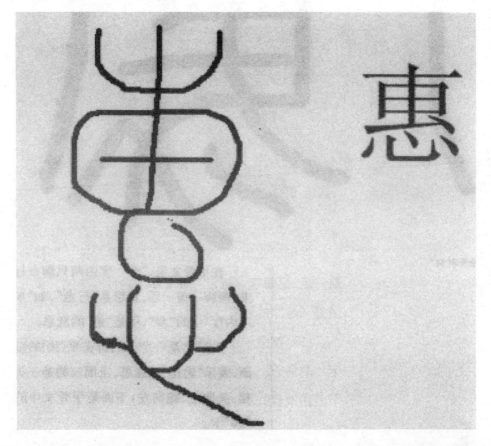

会意字 "闯"

在甲骨文里，"步"字由两只脚合起来，两脚一前一后，意思是"行走"，如"步入内厅"中的"步"，便是"走"的意思。

"逐"字是一个人的脚在豕（猪）的后面，表示"追逐"的意思。上面画的是一头猪，头向上，腿向左；下面是甲骨文中的"脚"字。

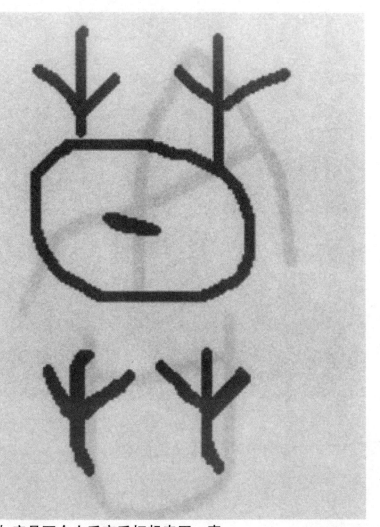

会意字"莫"

　　"鬥（斗）"字是两个人手交手打起来了，表示"搏鬥（斗）"的意思。画的是两人直立相对，两臂相交。

　　"莫"字上下部是草，中间是太阳，表示日落草中，天黑了。这本是"莫"字最初的寓意，后来借用"莫"作否定词，于是在"莫"下再加一

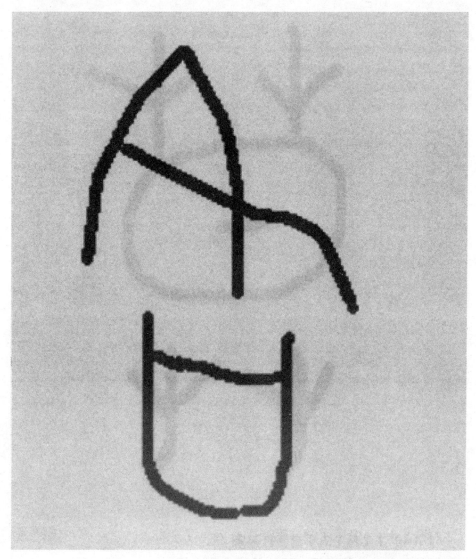

会意字"各"

"日"字成为"暮"字,用以表示天黑,而"莫"只表示"不"的意思了。

"牧"字左上是一头牛,右下是人的一只手拿着一根棒子,合起来表示"放牧"的意思。

又如:武字上面是戈,下面是脚,合在

殷墟宫殿宗庙遗址

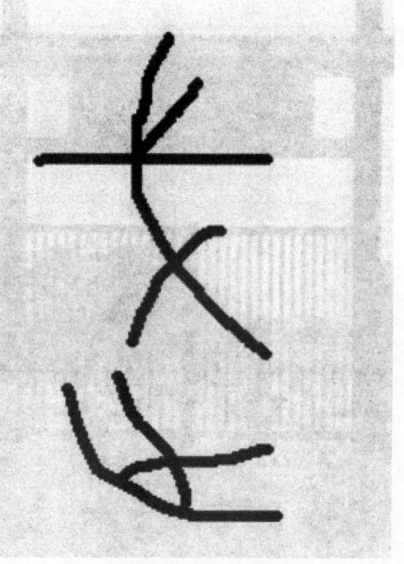

会意字 "武"

一起表示人拿着戈行走，因而合成了"武"的意思。

再如：比字是两个人紧靠在一起，合成了比邻的"比"。

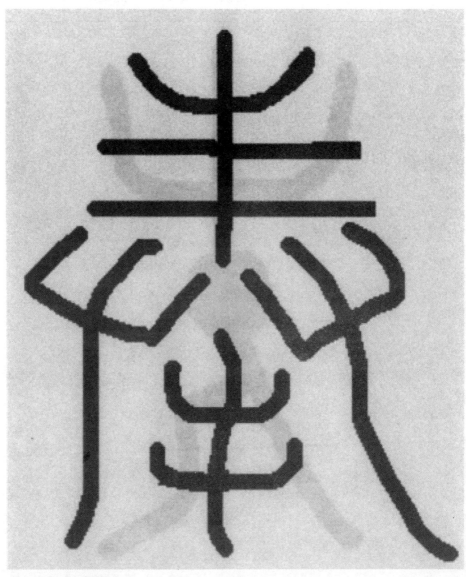

第四种 形声字

形声字"奉"

形声字是由意符（也叫形符）和声符两部分组成的，意符表示意义，声符表示声音。例如：

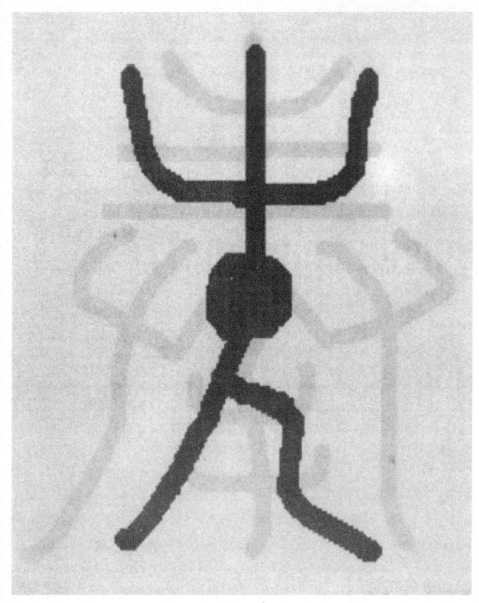

形声字"失"

杞　问　物

　　"杞"是树名，读音与"己"相近，所以用
"木"（树）作意符，用"己"作声符。"问"字从口，门声。现在，由于语音的演化，声符的发音已与字音相差很大了。"物"字从牛，勿声，本是杂色牛的名称，后借为事物的"物"。

形声字"贵"

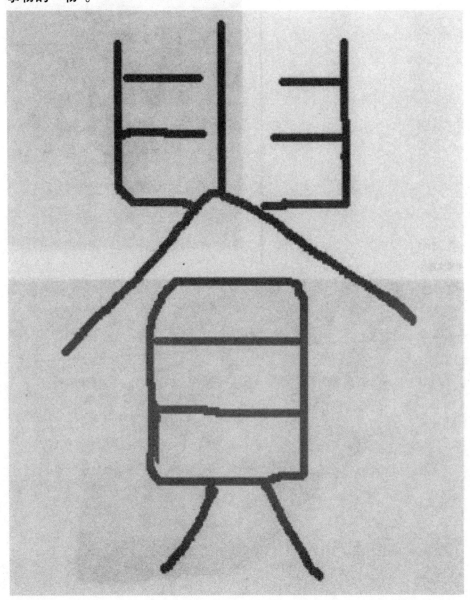

刻在甲骨上的图案

甲骨文残片

甲骨文

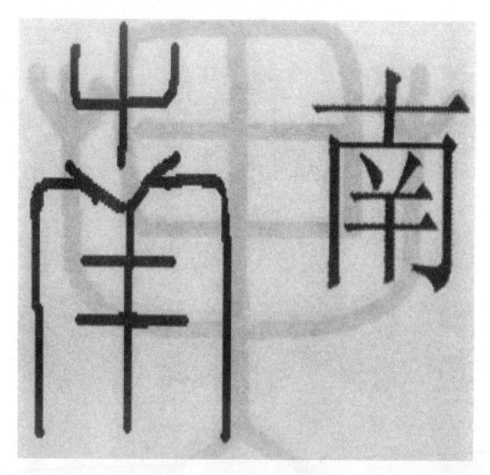

第五种 转注字

形声字"南"

老　　考

"老"像偻背老人扶杖而行之状，表示年老的意思。

"考"，年老的意思，如"考寿"是长寿之意。上面由"老"字省略而来，下面是声符。

将一个字（老）省略为符号，再加上声符，形成新的字（考），此为"转注"。

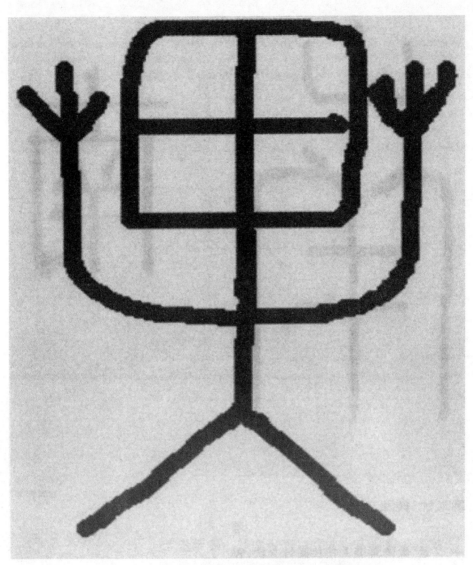

形声字"戴"

第六种 假借字

如上所述,"亦"(腋)借为"亦"(也);"莫"(暮)借为"莫"(不);物(杂色牛)借为"物"(事物的"物")。

四、甲骨文的几个特点

在甲骨文中，原始图画文字的痕迹比较明显。它们有以下几个主要特点：

其一，在字的构造方面，有些象形字只注重突出实物的特征，而形状细节、笔画多少、正反方向是不统一的。

其二，甲骨文的形体往往有长有短，是以所表示实物的繁简决定的，有的一个字可以占几个字的位置，参考下表格。

从图中可以看出甲骨文在结构上长短大小均无一定，或疏疏落落，参差错杂；或密密层层，严整庄重。可谓古朴多姿，充满情趣。

其三，甲骨文的一些会意字只要求两个象形字合起来含义明确就行，而不要求千篇一律。

字体演变经历了漫长的过程

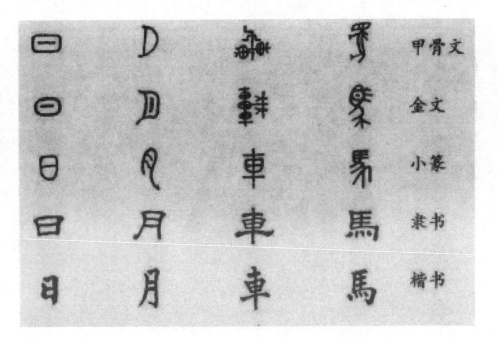

甲骨文
044

因此甲骨文的异体字非常多，有的一个字竟有十几种甚至几十种写法。

"逐"字的多种写法：

在甲骨文"逐"字中，所画的猪有的在上面，有的在下面；有的猪腿向左，有的猪腿向右。

其四，因为甲骨文是用刀刻在较硬的兽骨上的，所以笔画较细，方笔居多。如图所示。

由于甲骨文是用刀刻成的，而刀有锐有钝，骨质有硬有软，所以笔画粗细不一，有的纤细如发，风格瘦劲，具有刀锋的趣味。有的笔画的连接处常有剥落，显得浑朴厚重。

甲骨文在结构上虽然大小不一，富于变化，但已具有对称、稳定的格局。中国的书

龟甲拓片上的甲骨文

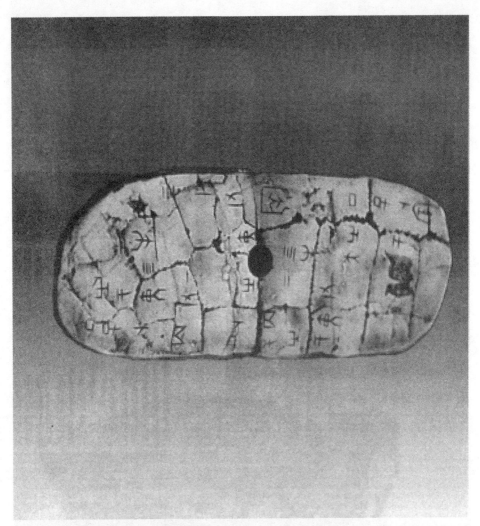

甲骨文结构大小不一，富于变化，但具有对称、稳定的格局

法是由甲骨文开始的，因为甲骨文已备书法的三要素：用笔、结字、章法。

殷墟甲骨文记载盘庚迁殷至纣王亡国 273 年的卜辞，是我国最早的书迹。

殷墟甲骨文受文风盛衰之影响，大致可分为五个时期：

其一，雄伟期：

从盘庚至武丁，约一百年，因受盛世
的影响，书法风格恢弘雄伟，达甲骨书法
之极致。起笔多圆，收笔多尖，曲直相错，
富于变化，不论肥瘦均极雄壮刚劲。

其二，谨饬期：

自祖庚至祖甲，约四十年。在这两位
守成贤君的统治下，这一时期的书法十分
谨饬。虽承袭前期之风，但已不如前期雄
伟豪放。其字恪守成规，极少创新，

其三，颓靡期：

自廪辛至康丁，约十四年。这一时期
文风凋敝，虽然还有不少工整的书体，但

殷墟甲骨文

殷墟甲骨文

刻文错落参差，错字屡见不鲜。

其四，劲峭期：

自武乙至文丁，约十七年。武乙和文丁二王锐意复古，力图恢复武丁时代之雄风，书法风格转为劲峭有力，呈现出中兴气象。在比较纤细的笔画中，带有十分刚劲的风格。

其五，严整期：

自帝乙至帝辛，约八十九年。这一时期的书法风格趋于严谨，与第二期略近。篇幅加长，谨严过之，无颓废之病，但也缺乏雄姿伟气。

甲骨文是目前已知我国最早的系统文字，也是比较成熟的文字。其文字笔画和疏密结构

已经初具用笔、结体、章法等书法要旨，孕育着艺术之美。书刻卜辞的史官不仅为后人留下了丰富的史料，也留下了一份份珍贵的上古书法作品。

甲骨文风格不同：有的劲健雄浑，有的秀丽轻巧，有的工整规矩，有的疏朗清秀，有的丰腴古拙。

甲骨文或骨格开张，有放逸之趣；或细密绢秀，具山花之姿。甲骨文字里行间常游动着书法之美，可谓笔意充溢，异彩纷呈。

甲骨文除了上述特点之外，还有一个现代汉字所没有的特点：经常出现由两个单字结合而成的名词、习语、数词或数量词组合，常常采取写在一起的合书形式，看起来就像是一个字。这种合书的形式称为"合文"，有下面几种：

其一，商王的先公和先王的庙号常常写成合文：

"（大乙）"是"大"和"乙"两个字的合文；"（祖乙）"是"祖"和"乙"两个字的合文。

其二，一些常见的名称和熟语也写作合文：

"（人方）"是"人"和"方"两个字的合文；"（小臣）"是"小"和"臣"两个字的合文。

其三，十以上的数字常常写成合文：

"（五百）"是"五"和"百"的合文；"（五千）"

甲骨卜辞

是"五"和"千"的合文。

其四，一些数词和量词结合的词语，也往往采用合文：

"(八月)"是"八"和"月"两个字的合文；"(五牢)"是"五"和"牢"两个字的合文。

上述这些合文字虽然是由两个单字组成的，但看起来完全像一个字。我国古代汉字的书写历史中，这种合文的书写形式曾经流行过一个相当长的时期。从甲骨文到西周金文，直至秦汉简册，几乎都有这种合文的书写形式。这也是古代汉字的一个特点。

甲骨文的主体内容是卜辞，即占卜活动结束后记录占卜活动进行情况和结果的刻辞。一般

甲骨文的主题内容是卜辞

包括四个部分：

其一，前辞，学者也有称为叙辞的。前辞记述占卜的干支日期和主持占卜活动的人物名称等内容。

其二，问辞，学者也有称为命辞的。问辞一般记述卜问的事项等内容。

其三，占辞，一般记述商王或占卜者根据卜兆对卜问事项所做的吉凶判断或推测。

其四，验辞，一般记述占卜活动结束后事情是否和预言的判断或推测相应验等内容。

甲片上清晰的甲骨文

下面是武丁时期一条完整的卜辞原文：

癸卯卜，（人名）贞："旬亡（无）祸？" 王（占测）

曰："（有）祟。其（有）来艰？" 迄至七日己巳，允（有）来艰自西。友角告曰："方出，（侵）我于（地名），田七十，人五。"

这条卜辞译成现代汉语是说：癸卯这天进行占卜，卜官问道："这一旬没有灾祸吧？"商王推断说："有灾祸，可能是外来的灾难吧？"到了七天以后的己

博物馆中陈列的甲骨片

已日，果然有来自西方的灾难。大臣友角报告说："方出兵，在侵袭我方，夺去七十块井田和五个人。

五、甲骨学

刘鹗故居

王懿荣发现甲骨文后，还未来得及将研究成果写出来形成学术著作，便不幸以身殉国了。

王懿荣殉国后，他所收藏的甲骨大部分转归好友刘鹗所有。刘鹗即《老残游记》的作者刘铁云。他十分崇拜王懿荣，也是王懿荣的知音和座上客。王懿荣常夸刘鹗说："真是后生可畏啊！"

王懿荣殉国后，家道中落。他在世时，家中所有资金大都用以购买善本古籍和古董，家中几乎没有积蓄了。为了生计，王懿荣的儿子王翰甫不得不开始变卖家产。刘鹗闻讯后，十分同情王家，尽自己力量所及，给了王家一些资助。

光绪二十八年（1902年），王翰甫为还清旧债，将父亲生前所藏甲骨大部分卖给了刘鹗。此外，刘鹗多方收集，前后共得甲骨5000多片，成为当时我国甲骨的著名收藏家。

刘鹗（1857—1909年），原名孟鹏，原籍江苏丹徒（今江苏镇江），生于山阳（今江苏淮安）。刘鹗出身于官僚家庭，但不喜欢科举，厌恶八股文章。自幼关心国家大事，爱护百姓。

刘鹗承袭家学，致力于数学、医学、水利学等科学知识，留心实际学问，并纵览百家，喜欢收集书画碑帖、金石甲骨。

刘鹗《老残游记》

刘鹗喜欢收集并研究金石甲骨

早年，刘鹗因科场不利，曾行医和经商。

光绪十四年（1888 年）至二十一年（1895年），刘鹗先后在河南巡抚吴大澄、山东巡抚张曜的幕府里帮办治黄工程。因他政绩显著，被保荐到总理各国事务衙门，以知府衔被任用。

光绪二十三年（1897 年），刘鹗应外商之聘，担任筹采山西矿产经理。后又曾参与拟订河南矿务机关豫丰公司章程，并擘划开采四川麻哈金矿和浙江衢、严、温、处四府的煤矿和铁矿，成为外商精明强干的买办与经纪人。

光绪二十六年（1900 年），义和团起义，八国联军乘机侵入北京。北京百姓断粮。刘鹗挺

八国联军的铁蹄踏入北京

身而出，向联军购得太仓储粮，设平粜局赈济北京饥民。

光绪三十四年 (1908 年)，清廷以 "私售仓粟" 和 "里通外国" 的罪名将刘鹗充军新疆。

次年，刘鹗死于乌鲁木齐。

刘鹗是中国第一个将甲骨卜辞公布于世的人，在甲骨文研究史上功不可没。

在王懿荣所收藏甲骨的基础上，刘鹗又进一步收集，以致家中所藏甲骨增至 5000 多片。为了弘扬民族文化，刘鹗于1903年拓印《铁云藏龟》一书，将甲骨文资料第一次公开出版。

《铁云藏龟》是清代甲骨学著作，也是中

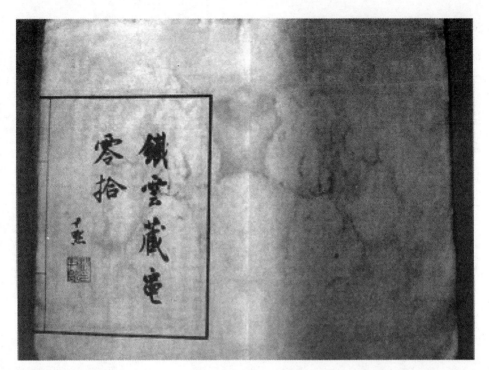

《铁云藏龟》是清代甲骨学著作

国第一部著录甲骨文材料的专书。光绪二十九年(1903 年)，由刘氏抱残守缺斋刊行石印本六册。该书从刘氏所藏 5000 余片甲骨中选录 1058 片，除掉重复 3 片和伪刻 4 片外，实收 1051 片。书前有罗振玉、吴昌绶著文及刘鹗自序。

原来，1903 年春，刘鹗得到一个不好的消息，袁世凯在慈禧太后那儿告了刘鹗一纸御状，说他胆大包天，竟敢私售太仓粮粟，为洋人办事。慈禧太后大怒，派人捉拿他！为了预防不测，尽早完成王懿荣甲骨研究的未竟事业，刘鹗才决定尽快将手中收藏的甲骨拓印出版。

刘鹗此举标志着甲骨文从学者书斋中的古董时期进入国人共赏的金石时期。从此，甲骨文由少数学者手中的古董变为可供广大学者进行学术研究的可贵资料。这在学术上是有着极其重要的历史意义的。

刘鹗去世后的第二年，著名学者孙诒让根据《铁云藏龟》披露的资料，写出了甲骨文研究方面的第一部专著《契文举例》。

孙诒让（1848—1908 年），字仲颂，别号籀庼，浙江瑞安人。

孙诒让出身书香门第，"四书""五经"倒背如流，远近呼为"神童"，13 岁就写出了《广韵姓氏刊误》一书，18 岁写成《白虎通校补》。

《铁云藏龟》插图

孙诒让一生著作达 35 种，在经学、史学、诸子学、文字学、考据学、校勘学和甲骨学等方面都有卓越的成就。

孙诒让关心国家，认为救国必须先办教育。他苦心经营，殚精竭虑，筹资 50 万，在浙江省温州、处州十六个县先后办学堂三百余所，为浙南近代教育奠定了良好的

基础，并为开展地方启蒙运动和改良社会风气作出了巨大的贡献。《清史稿》特地为他立传，梁启超、鲁迅、郭沫若对他都有高度的评价。孙诒让同情革命，秋瑾被捕后，他曾向座师张之洞上书，请其帮忙营救。现在，温州和瑞安各地都修建了"籀园""怀籀园""籀公楼"等建筑物，用来纪念这位大学者和大教育家。

《契文举例》是考释殷墟甲骨文字的最早的学术著作。

甲骨文出现后，当时好多学者都半信半疑。文字学家章太炎认为甲骨文纯系伪造，而孙诒让读后却如获至宝，认为这是研究商代文字

孙诒让铜像

甲骨文干支表拓片

的最可靠的资料。他日夜不眠，手持甲骨拓印本，扪心苦思，发奋钻研，考其形，释其义，仅用不到一年时间就用分类法把甲骨文字加以区分，并对大部分单字逐个进行辨析，写出了世界上第一部研究甲骨文的专著——《契文举例》二卷。此书为甲骨文研究开辟了道路，孙诒让也因此成了甲骨学的开山之祖。

《契文举例》分日月、贞卜、卜事、鬼神、卜人、官氏、方国、典礼、文字、杂例十篇。此书既诠释文字，又考证制度，开了古字考释与古史考证相结合的先例。

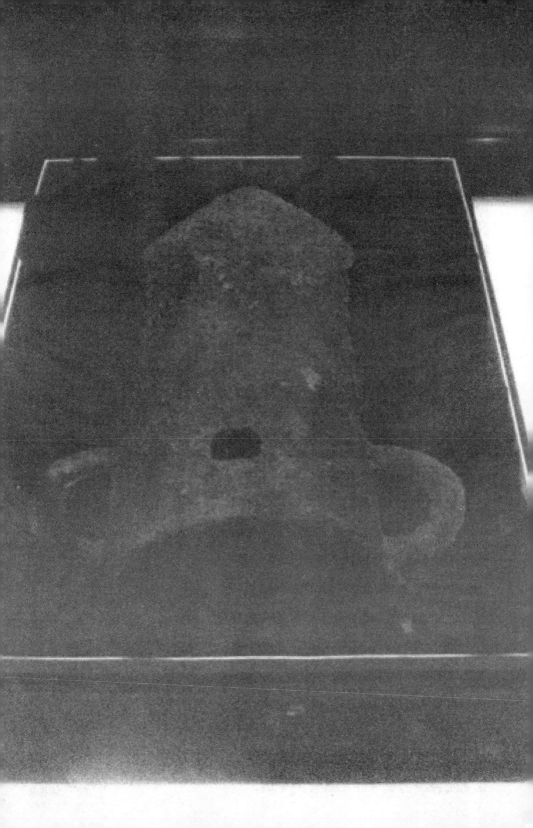

孙诒让考释的甲骨文共计 185 个字，多半是在和金文的比较中认出来的常用字。

第二年，孙诒让又进一步把金文、甲骨文、石鼓文及贵州红岩石刻文与《说文解字》中的古籀互相校勘，指出其歧异之所在，研求其省变之源流，探索古文、大小篆之沿革，著《名原》七篇，对古文字学提出了一些新的见解，把有关古文字学的学术研究推向了新的高峰。

孙诒让在经学、诸子学、文字学、考据学、校勘学、甲骨学以及地方志的研究和整理方面都有卓越的成就，郭沫若称他是"启后承前一巨儒"。

甲骨文被发现后，在学术界引起了巨大的轰动。古董商人为了谋利，开始垄断甲骨，对甲骨的出处秘而不宣，后来又谎称甲骨出自河南汤阴、卫辉等地。

光绪三十四年（1908 年），著名学者罗振玉不惜重金，终于访知甲骨出土于河南安阳小屯村。刚一得到这一信息，他就立即派遣亲属到安阳去求购甲骨，接着又亲自前往安阳进行实地考察。

罗振玉（1866—1940 年），祖籍浙江

孙诒让考释了许多甲骨文，被郭沫若称为"启后承前的巨儒"

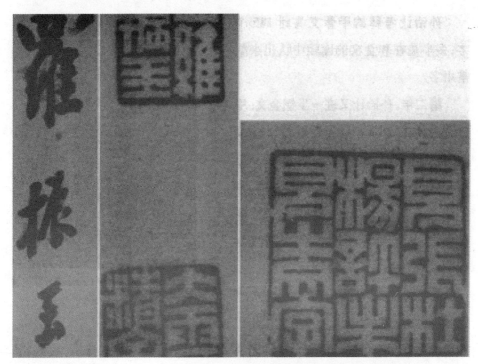

罗振玉题字印章

上虞县，生于江苏山阳县（今江苏淮安）。

上虞罗氏是个大家族，富甲一方。罗振玉的曾祖父留下万贯家产，家中本来不愁衣食。

罗振玉的祖父去世后，他的祖母方氏不与家族争遗产，携带子女远离家乡，定居江苏山阳。后来，罗振玉的父亲因经营典当业失败，负债累累，不敢居家度日，出门躲债。罗振玉出生时，罗家是由祖母主持家政的。祖母治家极严，待人却极宽厚，集封建伦理与传统美德于一身，远近称颂。这对罗振玉的一生有着深远的影响，祖母的教诲是他取之不尽、用之不竭的精神财富。

罗振玉从小性情温顺，不会嬉戏，终生手不释卷，笔不停书。

罗振玉自幼聪慧过人，但体质过于虚弱，老师特意把课程放慢，让他慢慢自学，使他养成了良好的自学习惯。

罗振玉自幼对金石文物有着高度的兴趣，每见题刻往往流留忘返。16 岁那年，罗振玉担起应付债家、奔走衣食的重担。但家庭的重担并没有影响他对学业的追求，他每晚挑灯夜读，苦中取乐，嗜学成癖。

从 22 岁开始，罗振玉为人担任塾师，借以维持生计。为了清还债务，罗振玉于光绪二十二年（1896 年）到上海与蒋伯斧合资创办农学社，成立农报馆，出版《农学报》，翻译国外农业方面的知识。罗振玉认为富国必须发展农业，他还编辑出版了《农学丛书》，对中国农学研究提出了很有见地的看法。

罗振玉还热心教育，于光绪二十二年（1896 年）与朋友创办东文学社，以后又多次应聘到湖北、广东、江苏等地办学，并且为教育界创办了第一个专刊《教育世界》。

东文学社的最初目的是培养日语翻译

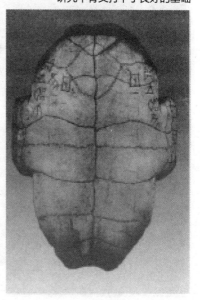

罗振玉自幼就对金石文物有着极大的兴趣，这为他日后潜心研究甲骨文打下了良好的基础

人才，后来成为著名学者的王国维就是该社的学生。王国维曾因月考不及格而面临除名的危险，罗振玉认为他一贯努力学习，因而允许他留下来。对王国维而言，进入东文学社成了他走上学者道路的关键一步。

宣统元年（1909年），罗振玉被清廷任命为京师大学堂农科监督，奉命赴日本考察。考察归国后，罗振玉立即建立新校，并设试验场，成为北京农业大学的前身。

罗振玉自幼喜爱收集金石碑刻，更是不遗余力地搜求甲骨，是最早在甲骨学研究方面取得成就的学者之一。他从1906年开始收集甲骨，

罗振玉在甲骨文研究方面取得了卓越的成就

家藏近两万片，是我国早期收藏甲骨最多的收藏家。他除鼓励刘鹗编集《铁云藏龟》外，还亲自访求，找到了甲骨的真实出土地点。

宣统二年（1910年），罗振玉著《殷商贞卜文字考》一书，首先考定安阳小屯村为殷墟，并正确判明甲骨是殷商王朝的遗物。后来，罗振玉陆续根据所见所藏甲骨著《殷墟书契前编》《殷墟书契菁华》《殷墟书契后编》《殷墟书契续编》四部研究甲骨文的专著，共收甲骨5000余片，是汇集殷墟正式发掘前零星出土甲骨的最重要的集大成之作。

罗振玉甲骨文轴

《殷墟书契考释》考释甲骨文字共561个，并提出"由许书以上溯古金文，由古金文以上窥卜辞"的释字原则。"许书"指许慎所著《说文解字》。

罗振玉主张考释文字应注意卜辞辞句的通读和分类，从而推动了初期甲骨学的研究工作。

宣统皇帝溥仪嗣位后，内阁大库险遭焚毁之灾。多亏罗振玉挺身而出，才使珍贵的史料得以保存下来。

罗振玉为了使重要史料免遭厄运，多

河南安阳殷墟博物苑

方奔走呼吁，上下周旋，终使十几万斤的档案和典籍免遭火焚。

档案和典籍搬运出宫后，部分档案却被历史博物馆以"烂字纸"及"绌于经费"为由，卖给了同懋增纸店作"再生纸"。

罗振玉得知后，火速前往，当面答应以三倍高价买下所有档案。为此，他奔走京津，筹措款项，变卖私藏，还借了不少债，终于从造纸厂买回了这批所谓"烂字纸"。罗振玉这一义举，感动了许多有良知的中国人。

在《洹洛访古游记》中，罗振玉记载了殷墟的地形图以及甲骨出土的情况，这是第一部

实地考察安阳殷墟的学术著作，对整个甲骨学的形成和发展起了"导夫先路"的作用，对后来的甲骨学研究具有重大的意义。

罗振玉以甲骨文字本身的特点为主要依据，参照《说文解字》，并将甲骨文与金文、古文、籀文、篆文做比较，考释出大量的单字，并阐释文字的渊源与流变情况。

罗振玉还利用字形和后世文献资料推求字的本义及其通假关系，先后于 1910 年在《殷商贞卜文字考》中释出单字近三百个，于 1915 年在《殷墟书契考释》中释出单字近五百个，其中大多数的字得到了学界的认可。

1916 年，罗振玉还将卜辞中未能识别的千余字编成《殷墟书契待问编》，供大家探讨，给甲骨文研究提供了方便。

　　罗振玉还首创了对卜辞进行分类研究的科学方法。《殷墟书契考释》一书将卜辞分为八类，为后世的甲骨分类研究开创了先例。

　　罗振玉还与王国维一起，确证了甲骨文中的合文现象。

　　继罗振玉之后，许多著名学者，如王国维、郭沫若、董作宾、胡厚宣等都对甲骨文进行了卓有成效的考释和研究，从而形成了一门专门的学问——甲骨学。

　　中国近代四位著名甲骨文学者：郭沫若，

《殷墟书契考释》

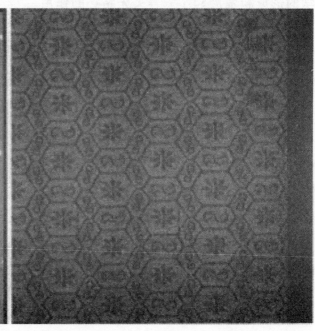

字鼎堂；董作宾，字彦堂；罗振玉，号雪堂；王国维，号观堂。因为他们或字中带"堂"字，或号中带"堂"字，故称"甲骨四堂"，同为甲骨学研究的一代宗师。著名学者唐晓评价说："自雪堂导夫先路，观堂继以考史，彦堂区其时代，鼎堂发其辞例，固已极一时之盛。"

司马迁在《史记·殷本纪》中详细记载了殷商王朝的世系和历史。过去，因为没有商代的文字记载和实物资料可资佐证，史学界许多人对这些记载将信将疑。

20 世纪初，罗振玉在他搜集的甲骨中发现刻有殷商王朝先公、先王的名字，从而证实了这些甲骨的出土地小屯就是《史记》

殷墟博物苑一景

殷墟博物苑一角

中所说的"洹水南，殷墟上"的殷墟所在地，这是极有见地的。

此后，学者王国维参照《史记》中的记载，对甲骨卜辞中所见的商代诸位先公、先王作了详细的考证，证实了《史记》中《殷本纪》所叙历史的可信性。商朝第十代王盘庚于公元前1318年把都城从奄（今山东曲阜）迁到殷（河南安阳小屯村一带），历经八代十王，在此建都达273年之久。王国维的这些研究成果把中国可考据的信史提早了一千年，其功绩是令人仰慕的。

根据一片殷商甲骨上的几个文字肯定了

一个距今 3000 多年、长达 600 多年的朝代，王国维将 20 世纪 20 年代一些学者认为中国的可信历史始于西周的疑古思潮彻底粉碎了。

王国维（1877—1927 年），浙江海宁盐官镇人，清末秀才。王国维与徐志摩、金庸等人是同乡，在文学、美学、史学、哲学、古文字学、考古学、甲骨学等各方面成就卓著，人称国学大师。

王家世代清寒，王国维自幼苦读成性。

王国维像

王国维故居一景

王国维从 22 岁起，到上海《时务报》馆担任书记校对。他利用业余时间到罗振玉办的"东文学社"研习外交与西方近代科学，又在罗振玉的资助下于光绪二十七年（1901年）赴日本留学。

光绪二十八年（1902 年），王国维因病从日本归国后，在罗振玉的推荐下曾执教于南通江苏师范学校，讲授哲学、心理学、伦理学等，并埋头于文学研究。

光绪三十二年（1906 年），王国维随罗振玉入京，担任清政府学部总务司行走、图书馆编译、名词馆协韵等。其间，王国维出版了《人间词话》，被学界视为名作。

宣统三年（1911 年），辛亥革命爆发后，王国维随罗振玉逃到日本京都定居，开始了甲骨文、金文、汉简等方面的研究。

1916 年，王国维应上海著名犹太富商哈同之聘，回国担任仓圣明智大学教授，继续从事甲骨文、考古学等学术研究。

1922 年，王国维受聘担任北京大学国学门通讯导师。

翌年，王国维由蒙古贵族——大学士升允推荐，担任清朝逊帝溥仪南书房行走，为五品官。

颐和园昆明湖

1924 年，冯玉祥发动北京政变，驱逐溥仪出宫。王国维引此事为奇耻大辱，愤而与罗振玉等前清遗老相约投金水河殉清，为家人所阻。

1925 年，王国维受聘担任清华研究院导师，讲授《古史新证》《尚书》《说文解字》等，与梁启超、陈寅恪、赵元任、李济被誉为"五星聚奎"，成为清华五大著名导师，门生弟子遍布中国史学界。

1927 年 6 月，国民革命军北上京津时，王国维留下"经此世变，义无再辱"的遗书，

《殷契卜辞》插图

投北京颐和园昆明湖自尽。他决心学习不食周粟的伯夷、叔齐，与反古忘祖的人不共戴天。

著名学者陈寅恪对王国维学术研究评价说：

甲骨文于晚清时才发现，最早发现者是王懿荣。后来，刘鹗刊印《铁云藏龟》，继之，孙诒让和罗振玉对甲骨文字进行了研究。而将甲骨学由文字学演进到史学的第一人则推王国维。他撰写了《殷卜辞中所见先公先王考》《殷卜辞中所见先公先王续考》《殷周制度论》《殷墟卜辞中所见地名考》《殷礼征文》以及《古史新证》等。他将地下的材料甲骨文同纸上的材料——中国历史古籍对比起来加以研究，用卜辞补正了书中记载的错误，而且进一步对殷周的政治制度作了探讨，得出了崭新的结论。他的考证方法极为缜密，因而论断精审正确。他自己称这种考证方法为"二重证据法"，即以地下的材料与纸上的材料相比较以考证古史的真相。这种考证方法既继承了乾嘉学派的考据传统，又运用了西方的科学考证方法，使两者有机地结合起来，在古史研究上开辟了新的领域，创造了新的方法，取得了巨大的成就。

1917 年，王国维发表了第一篇有关甲骨文学术研究的科学论文《殷卜辞中所见先公先王考》。在书中，王国维不仅利用甲骨上的资料证实了《史记·殷本纪》中记载的可信性，同时还更正了司马迁《史记》中的不少错误，如：上甲以后的世系次序应为"报乙—报丙—报丁—示壬—示癸"，司马迁误为"报丁—报乙—报丙—主壬—主癸"了。

　　王国维又发现王亥为殷之先公，与《吕氏春秋》《史记·殷本纪》《三代世表》及《汉书·古今人表》所记载的胲、核、该、王冰、振和垓实系一人。王国维还发现有"中宗"

甲骨文涂朱卜骨刻辞

称号的应是祖乙，司马迁误为大戊了。王国维
还通过甲骨文认证司马迁误"康丁"为"庚丁"，
误"文丁"为"大丁"。

王国维通过甲骨文的研究纠正了司马迁
《史记》中的错误，可谓功在千秋。

由于弄清了甲骨出土的地点，从1928年秋
到1937年夏，中央研究院历史语言研究所考
古组在著名考古学家董作宾等人的主持下，在
小屯村一带进行了长达10年的15次考古发掘，
不仅先后发现了24900多片甲骨，还发现了商
代后期的宫殿遗址、宗庙遗址和王陵区，出土
了大量珍贵的铜器、玉器、陶器，从物质文化

殷墟博物馆藏青铜盘

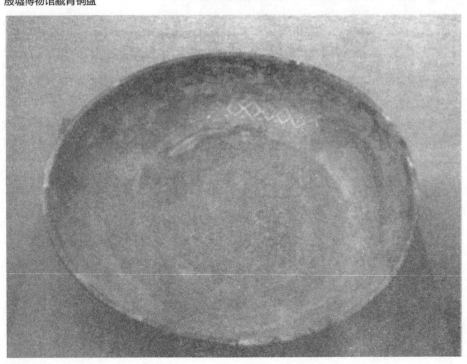

上提供了殷墟为商代王都的证据，又一次震动了中外学术界。

甲骨文涂朱卜骨刻辞正面（仿制品）

董作宾（1895—1963 年），南阳人，自幼学习"四书""五经"及诸子百家学说。

1928 年 10 月，董作宾在安阳小屯村殷墟首次发掘中便获得甲骨残片 784 件，先后 15 次参加殷墟发掘，为我国考古工作付出了大量心血。此外，他曾参加山东城子崖考古发掘，从而发现了龙山文化。

1932 年 3 月，董作宾发表了《甲骨文时代研究例》，确定了识别甲骨片上殷代文字分期的十个标准。

甲骨文四方风拓片

董作宾通过对甲骨文进行全面系统的研究，发表了一系列重要论文和专著。他最早提出甲骨断代的十个标准，主持研究了殷代帝王世系年谱、殷先王称号、殷王姓氏、铭文所述人物、铭文语法结构、铭文表意标准、铭文书写形态等重大课题，取得了举世瞩目的成就。

抗日战争时期，董作宾随历史语言研究所迁往长沙、桂林、昆明、南溪等地，并主持该所工作，继续研究殷代历法。1931 年董作宾编著出版了《卜辞中所见之殷历》，1945 年又编著出版了《殷历谱》，被誉为纪念碑式的著作。

这都是在甲骨文研究上取得的成绩。

1948 年，董作宾担任中央研究院历史语言研究所研究员，并在同年当选为中央研究院第一届院士。

这年年底，董作宾不忍心和自己相伴多年的文物分开，不得已迁往台湾，担任台湾大学教授，为该校中文系讲授古文学，为历史系讲授殷商史。

1950 年，董作宾和友人一起创办《大陆杂志》，并担任中央研究院历史语言研究所所长，发表了《武王伐纣年月日考》一文。

1951 年后，董作宾先后编著出版了《西周年历谱》和《殷墟文字乙编》。1955 年 8 月，

殷墟博物馆墙上石刻

郭沫若塑像

董作宾应香港大学之邀，赴香港大学东方文化研究所任研究员，从事中国年历编写工作，并担任香港大学历史系名誉教授和崇基、新亚、珠海三书院教授。此间，他完成了中英文对照的《中国年历总谱》，并成为香港甲骨文学术研究的导师。

郭沫若（1892—1978 年），四川乐山县人，我国现代著名无产阶级文学家、诗人、剧作家、考古学家、思想家、古文字学家、历史学家。郭沫若从 1928 年开始着手研究中国古代社会时，即注意分析甲骨文资料，从中取得证据，发现新的线索。

1928 年 6 月，郭沫若在日本东京书店看到了王国维所著《殷墟书契考释》一书，受到启发，从此开始了他的甲骨文研究。郭沫若几乎访遍了日本所有的甲骨文收藏者，掌握了大量的实物资料。1929 年 8 月，郭沫若《甲骨文字研究》一书写成。此前，他所著《中国古代社会研究》一书中就已经收录了他的《卜辞中之古代社会》一文。从此，郭沫若的甲骨文研究进入巅峰时代。

1932 年，郭沫若在日本访求公私各家所藏殷墟甲骨，所见约 3000 片，拟辑为一书，但多未拓存，没有成功，便另辟蹊径，选释传世甲骨编成《卜辞通纂》一书，1933 年在日本东京出版。

1958 年，此书在中国曾作为《考古学专刊》问世，由作者加了校语、注释，并在考释方面吸收了一些专家的意见。科学出版社对此书作了编辑加工，并为之重编索引。书中拓本、照片也有所更换，对一些不清晰的部分则附以摹本。

1983 年，此书列为《郭沫若全集》考古编第 2 卷出版。

此书分干支、数字、世系、天象、食

郭沫若故居

货、征伐、畋游、杂纂 8 部分，共选甲骨 800 片。除选自当时已印行的著录外，还使用了马衡《凡将斋藏甲骨文字》等拓本。

此书书后所附"别录之一"包括中央研究院藏大龟四版、《新获卜辞》拓片、何遂藏甲骨拓片三项；所附别录之二则收录日本收藏的部分甲骨，题为"日本所藏甲骨择尤"。

此书所选均为甲骨精粹，为研习卜辞提供了很大的便利。

此书考释精详，代表了郭沫若对甲骨的见解，多有创获。如本书序言及后记所论商王世系中的阳甲，以及帝乙迁沫的问题，对于研究商代历史文化都是很重要的。

郭沫若对甲骨文的研究起步较晚，但是成就很大

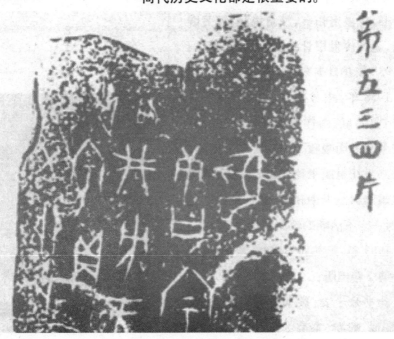

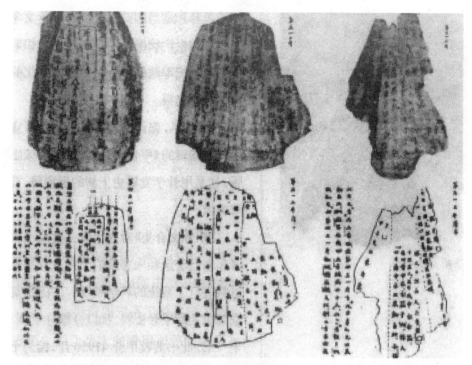

郭沫若《卜辞通纂》插图

《卜辞通纂》初版印数较少，但发行后流行甚广，受到学术界的普遍重视，成为甲骨文研究领域里最有影响的著作之一。

郭沫若从事甲骨文研究主要是在日本的十年流亡时期，以及新中国成立前后。他虽然起步较晚，但是起点高，方法新，因而成绩十分可喜。郭沫若在甲骨学方面著作的主要贡献是根据商代社会历史研究的需要，精选殷墟发掘出土的甲骨，按照一定的类别汇编成书，并进行简明的考释和适当的归纳，通过甲骨文考察当时的生产状况、社会关系和意识形态，从而把零散的甲骨文变为系统化的商史研究

卜骨

资料。

1978 年，郭沫若担任主编、胡厚宣担任总编辑的《甲骨文合集》开始陆续出版。这是甲骨学发展史上新的里程碑，贡献突出。

《甲骨文合集》对自甲骨文发现八十多年来已著录和未著录的十几万片甲骨材料进行了系统的科学整理，广泛搜集全部出土的甲骨资料，加以分期分类，汇于一书。此书共收甲骨 41956 片，编为十三册，1978 年至 1983 年陆续由中华书局出版发行，为研究甲骨文和商代历史提供了系统的资料。

此书是中国殷墟甲骨的大型汇编。编辑工作从 1960 年正式开始，到 1983 年 1 月全部出齐。《甲骨文合集》包括中央研究院殷墟发掘所得及国内外收藏的甲骨和拓本，其中相当一部分是第一次发表的。在编辑过程中，进行了辨伪、去重、缀合等工作，使《甲骨文合集》成为新中国建立前所发现甲骨的最丰富的结集。

《甲骨文合集》采用分期分类的编排方式，将甲骨分为 5 期：第一期，武丁及其以前；第二期：祖庚、祖甲；第三期：廪辛、康丁；第四期：武乙、文丁；第五期：帝乙、帝辛。每期又依社会历史内容分为"阶级和国家""社会生产""思想文化""其他"几大类，便于查检。

徐中舒是我国著名的历史学家和古文字学家，早年考入清华研究院，师从王国维、梁启超等著名学者，认真学习中国古代史和汉语古文字学。徐中舒先生继承名师学风，学路甚广，在先秦史、汉语古文字学、考古学、民族学、地方史等方面造诣极高，著述甚丰，硕果累累，在我国学术研究领域里作出了巨大的贡献。

甲骨文十分艰深，一般人视为天书。甲骨文的研究涉及许多相关学科，因此要想在

郭沫若故居一景

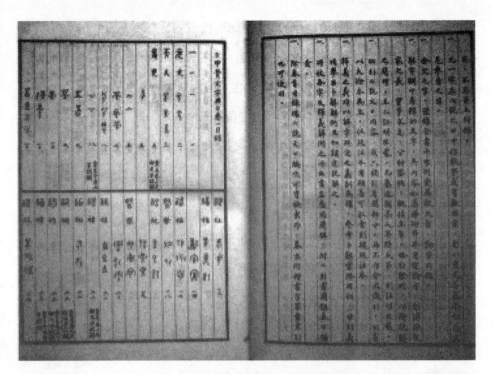

《甲骨文字典》（影印本）

甲骨文研究方面取得成绩是不容易的。而徐先生不畏艰难，锲而不舍，终于在这方面取得了举世瞩目的成就。

《甲骨文字典》是徐先生在古文字研究方面的主要成果。自殷墟甲骨文被发现以来，出土的十万余片甲骨的主要部分已著录成书，目前发现的甲骨文单字数目已经超过五千。经过学者们数十年的不懈努力，目前已能认识其中的一千多个字了。其余尚不认识的字大多是人名、地名等专有名词，对通读甲骨刻辞并无太大的影响。因此可以说，我们目前已基本上可以通读大多数甲骨刻辞了。

为了便于甲骨文及相关学科的深入研究，从20世纪30年代开始，就有学者编纂甲骨文工具书。

关于这方面的代表作，在字形方面主要有20世纪30年代孙海波先生编纂的《甲骨文编》和60年代金祥恒先生在此书基础上修订而成的《续甲骨文编》。这两部书在甲骨文字字形的整理方面作出了重要的贡献，深受读者欢迎。

《甲骨文字典》

在甲骨文字的考释方面，成书于60年代的李孝定先生的《甲骨文集释》最具代表性。该书网罗众说，评论折中，时有新解，堪称一部有相当学术价值的有关甲骨文字释义的大型工具书。

但是，上述工具书各有侧重：《甲骨文编》和《续甲骨文编》只罗列字形，并无解释，不便于初学者；《甲骨文集释》罗列众说，以释义为主，而字形简略，让读者无法了解文字发展的脉络。

20世纪60年代以来，甲骨学取得了很大的进展，有不少成果问世，亟待整理汇集，以利于学术研究。

在这种情况下，人们急需一部全面反映甲骨文研究新水平的大型工具书。于是，

《甲骨文字典》

《甲骨文字典》应运而生了。

《甲骨文字典》广泛吸收了最新的研究成果，融入了徐先生数十年研究甲骨文的重要收获。该书体例独创，释义精辟，举例恰当，有以下独到之处：

其一，兼采甲骨文工具书各书之长，独创最先进的编纂体例。该书对甲骨文字的解释分为字形、解字、释义三部分，字形部分收录有代表性的甲骨文字形，解字部分解说甲骨文字的本义及其引申假借义，释义部分列举各类有代表性的词条以说明所释各字在殷商时期具体语言环境中的各种词义。这三部分有机结合，互为表里，使读者能通过该书对甲骨文有一个全面深入的了解。

其二，在字形的收集上先汇集全部甲骨文字，从其中选出有代表性的字形。因此，该书所收字形虽然不是太多，但却能以一当十。字形的排列按时代先后分五个时期依次系于各字头之下，使读者了解各个不同时期甲骨文字发展演变的脉络和各个时期的不同字形、书体风格，便于全面深入掌握甲骨文字形。这是此前任何一部古文字工具书所没有的，为徐先生之独创。在字义的解释方面能实事求是，博采众家之长，不囿于一说，同时又融入了徐先生数十年研究甲骨文的学术成果，综合形、音、义三方面全方位考察，颇多创获。

其三，该书在甲骨文的考释上充分体现了徐先生科学的考释方法，强调文字之间的相互联系，解决了许多长期以来未曾解决的学术问题。如以前的学者未曾充分

《甲骨文字典》体例独创，释义精辟

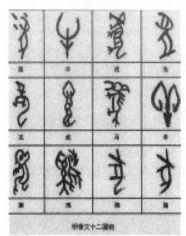

甲骨文十二属相

注意到甲骨文"小"与"少"本是一个字，因而只释出甲骨文中从"小"的合文，如"小甲""小乙""小王""小臣"等，而对许多从"少"的合文却未能指出。该书从古文字的基本特点入手，指出"小"和"少"本为一字，突破了字形上的束缚，释出从"少"的"小甲""小母"等合文。又如甲骨文的"弁"字，徐先生早年曾考释过。当时，限于考古发掘，只能从文献和字形变化上来论证。而《甲骨文字典》则将殷墟妇好墓新出土的考古材料与甲骨文字形相结合，对该字作了更为全面的考释，并证明徐先生早年的结论是正确的。

因为《甲骨文字典》的这些长处，所以一出版就蜚声中外，受到学术界的肯定，好评如潮。

1999 年 12 月 15 日，在纪念甲骨文发现 100 年之际，徐州教育学院美术系副教授潘岳写成一部全面破译甲骨文字的专著《三千未译甲骨文集解》，由中州古籍出版社出版。

在已经发现的全部甲骨文字 4500 多字中，近百年来经罗振玉、王国维、董作宾、郭沫若等数十位甲骨文字学家的考释，人们已经认识了其中的 1000 多个甲骨文字了。但剩下的 3000 多个字被称为"天书"，无人

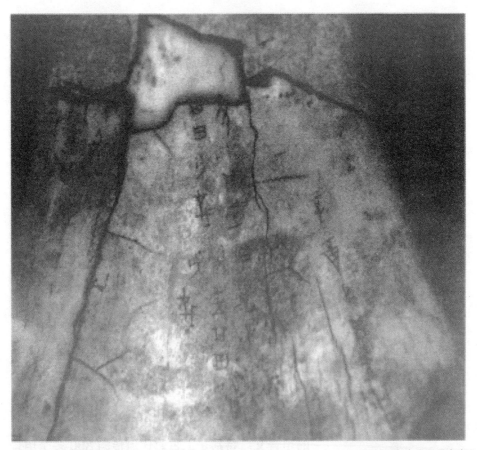

目前仍有大量甲骨文字
未能识别

能加以识别。

《三千未译甲骨文集解》一书解决了这一难题，破译了 3000 个甲骨文字。潘岳说全部甲骨文字都是卜辞，是殷商 600 年占卜文化的信息载体，是按阴阳相合的规律造出来的。

《三千未译甲骨文集解》依照作者独创的逻辑理论，对每一个甲骨文字的直接关系和旁系属性进行了一系列的考证和诠释，推断出中国有文字记载的历史不是始于殷商时代，而是神

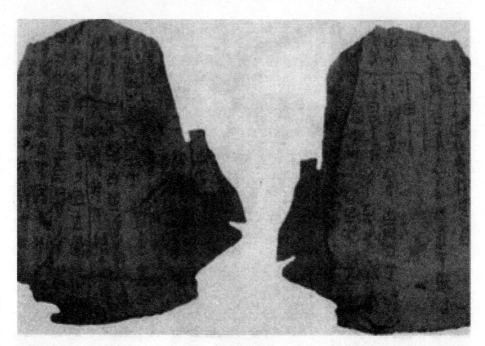

许多甲骨文字与女性有关

话传说中的黄帝时代，这就将中国有文字的历史追溯到 8000 年前了。

那时，中国还处于母系氏族社会时代，中国的甲骨文，特别是上古时代流传的 800 多个甲骨文字大多与女性有关，这在甲骨文的形、声、义等各方面均有深刻的反映。

殷人重阴，还保存着大量的母系氏族社会的残余，因而能释读并使用这些文字。后来，男性占据了社会上的绝对统治地位，人们的思维方式完全改变了，因此难以破译甲骨文。

潘岳痛感沿袭前人破译甲骨文之路已经走不通了，遂掉转头来，由甲骨文这一载体本身探索

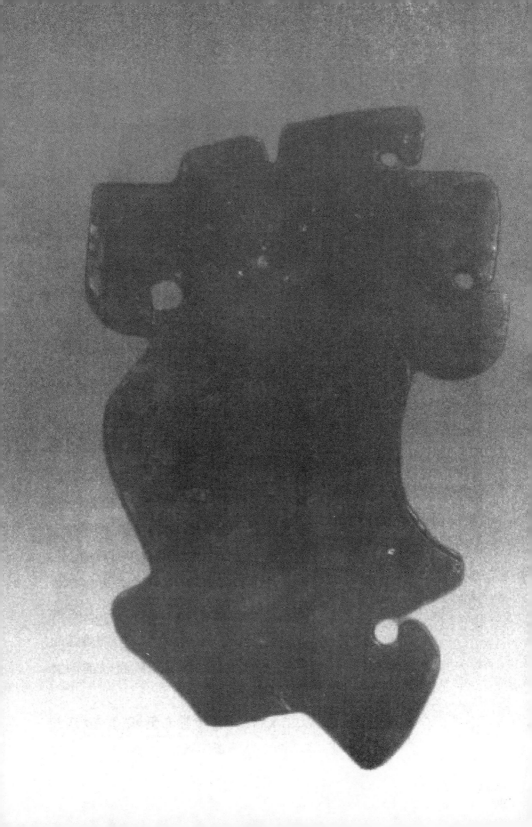

中国母系氏族的社会生活与古代文明，终于豁
然开朗，使甲骨文释读这一令人头疼的难题迎
刃而解。

潘岳用了近 40 年工夫将未释甲骨文全部
破译。他探索出古代造字方法 40 种，发现古
文字标型码 64 种，并确认出甲骨文中有 800 多
字是殷商以前的文字。

《三千未译甲骨文集解》共 70 余万字，分
上下两册出版。此书出版后，受到中外甲骨文
学者的高度重视。

六、甲骨文出土博览

殷墟王陵遗址

新中国成立后，考古工作者在国家和人民的关怀下，物质条件大为改善，精神振奋地投入考古工作。考古工作得到了很大的发展，取得了可喜的成绩。

经过多次调查和发掘，考古工作者终于弄清了殷墟的范围和布局：位于河南省安阳市区西北郊的殷墟以小屯村为中心，东西约 6 公里，南北约 5 公里，总面积 30 平方公里左右。

安阳洹河南岸的小屯村一带是殷王居住的宫殿区，考古工作者在这里发掘出宫殿基址数十座，最大的一座面积达 5000 平方米。

洹河北部是殷王陵墓区，考古工作者先后

在这里发掘出十几座大墓、一千多座小墓以及大批祭祀坑。

考古工作者在宫殿附近发现了两座甲骨文档案库和铸铜、制玉、制骨、烧陶等手工业作坊遗址。

殷墟发掘延续时间之长、规模之大、收获之丰是中国考古史上所罕见的。

1976 年春，在宫殿区附近的小屯村北偏西 100 米处发掘出中国历史上第一位女将军妇好的墓葬，令考古工作者极为振奋。

妇好墓

据出土的甲骨文记载，妇好是商王武丁的王后，智勇双全。有一年夏天，北方边境发生战事，双方相持不下。妇好自告奋勇，要求率军出征，武丁对此事犹豫不决。后来，经占卜后，武丁才决定派妇好挂帅，结果大胜而归。武丁大喜，全国一片欢腾。此后，武丁让妇好担任商军统帅，负责国防。妇好率军南征北战，东伐西讨，打败了周围的 20 多个方国。

有一片甲骨卜辞上说，妇好在征讨羌方时，统率了 13 万人的庞大队伍，这是迄今已知商代对外用兵参战人数最多的一次。

妇好墓是殷墟发掘的唯一保存完整的

殷代王室墓葬，出土的很多器物上都刻有铭文，是唯一能与甲骨文、历史文献相印证，从而确定了墓主身份、年代的商代王室墓葬。

为了纪念殷墟考古的重大发现，1987年秋，安阳市在宫殿遗址区东北部修建了一座殷墟博物苑，复原和再现了3000年前殷王宫和一些建筑的风貌，向中外人士开放。

在殷墟考古史上，甲骨文曾有三次重大发现：

1936年6月12日，在小屯村北宫殿区发掘出一个甲骨坑，坑中保存有带字甲骨17096片，记录了商王武丁时期的许多活动。这里是武丁王室的甲骨文档案库，保存完好。这批甲骨的出土对考证武丁时期的社会政治、

妇好墓一景

殷墟博物苑甲骨坑

经济、文化、生活有极其宝贵的价值。

　　1973 年，在小屯村之南又发掘出甲骨
7150 片，其中刻字甲骨有 5041 片。与这批甲
骨同时出土的还有陶器制品，这种甲骨与陶器
共存的现象为甲骨文分期及殷墟文化分期提供
了珍贵的资料。

　　1991 年秋，在花园庄之东发掘出一个
仅 2 平方米的甲骨坑，但其叠压厚度深达 0.8 米，
出土甲骨 1583 片，其中刻字甲骨有 579 片。甲
骨上记载的内容十分丰富，而问卜者却都是武
丁时期的王族成员和高级贵族。这说明在这些
甲骨使用时期，占卜活动已不限于最高统治者

国王，王室贵族也可以利用占卜来预测吉凶了。

甲骨文的发现以及由此引发的殷墟考古发掘，对中国考古学具有划时代的意义。

此前，学者们只是在书斋中研究碑文和铜器铭文，从不到田野里去考察和发掘。中国的田野考古始于1921年对河南渑池县仰韶村遗址的发掘，然后是1927年开始的在北京周口店猿人遗址的早期发掘。但这两处考古发掘都不是由我国学术部门独自承担的，而是由当时政府聘请外国学者主持，或由中外学术单位合作进行的。真正由中国学术机构独立进行的田野考古始于1928年中央研究院历史语言研究所考古组对殷墟的首次发掘。

殷墟甲骨文考古发掘对中国田野考古学的

殷墟博物馆

产生和发展起到了奠基的作用，中国老一代的
考古工作者绝大部分是在殷墟考古工地上成
长起来的，而新中国成立以后的新一代考古工
作者又基本上是由他们培训出来的。因此，殷
墟堪称中国田野考古学的诞生地，甲骨文是现
代考古学的催生婆。

　　除殷墟外，考古工作者又先后在河南省郑
州市二里岗、山西省洪赵县坊堆村、陕西省长
安县张家坡、北京市昌平县白浮村、陕西省岐
山县风雏村和扶风县齐家村、陕西凤翔周公
庙、山东济南大辛庄等地发现过一些商、周时
期的甲骨文。进一步丰富了我们对甲骨文的认
识。

　　河南郑州二里岗是商代中期文化遗址，其

甲骨文发现地

时代早于殷墟文化并与殷墟文化相衔接。1952 年秋，中国科学院考古研究所的考古训练班在当地发掘时曾发现占卜用的兽骨 375 片、占卜用的龟甲 11 片，但未发现文字。

后来，河南文物工作队在这处遗址中发现了有字甲骨 3 片。其中一片是 1953 年 4 月发现的。这是一片牛肋骨，上面刻的是练习契刻的十个字，文字和殷墟出土的甲骨文大体相似，可能和殷墟甲骨属于同一时期。另外一片是 1953 年 9 月发现的，这是一片扁圆状的牛肋骨骨片，出土于离地面半米左右的地层中。它的一面为平底，一面凸起，在凸起的一面刻着一个（之）字，为殷墟甲骨文中常见的字。第三片是 1954 年 4 月发现的，这是一条带有小孔的薄骨片，上面也刻有一个字。

河南郑州二里岗商代遗址出土的甲骨

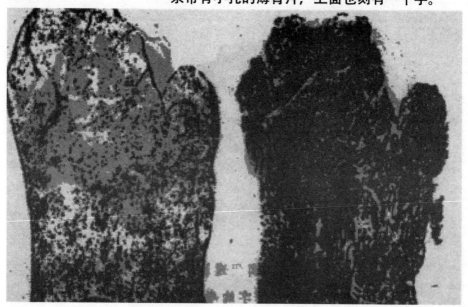

甲骨文
108

专家认为这三片甲骨可能是王室以外的贵族日常使用的卜骨。

1954 年，山西洪赵县坊堆村的周代遗址中也发现了有字甲骨。这时，人们开始认识到甲骨文并不只是商代才有。

洪赵县坊堆村发现的有字甲骨仅为一片，骨的背面臼部被削去三分之一；靠近臼处有钻窝 16 个，不规则地排列成数行；中下部靠近左边处另有钻窝 5 个，形成纵列一行。卜骨正面相当于背面钻窝处有经过灼烧后显出的卜兆，兆旁刻有 8 个甲骨文字。对于这片甲骨的时代，有人认为是春秋或更晚时期，有人认为应属西周初期。

1956 年 1 月，陕西文管会又在西周长安丰镐遗址的张家坡发现了西周的有字甲骨。这是一块肩胛骨的柄部，背面靠边处有 3 个钻窝，钻窝边有极细的凿孔。正面相当于钻凿处均有卜兆，卜兆附近刻有极细的两行文字，一为竖行，一为横行。

随后，考古工作者又在同一地区发现了另外一块兽类肢骨，其上部相当于钻孔的正面也刻有笔划极细的文字。

陕西长安张家坡遗址先后共发现 3 片有字甲骨，共刻有 30 字。

牛骨匕刻辞

1975 年，北京市昌平县白浮村周初燕国墓地也出土了两批甲骨。

其中一批出土于一座墓葬的人骨左上方，共 10 片，全是卜甲碎片，有腹甲也有背甲。其中刻有文字的共 2 片，分别刻有"贞"和"不止"等字。

另一批出土于另一座墓葬的椁室右侧中部，约有 100 多片，均为卜甲残片，腹甲、背甲均有。其中有文字的共 3 片，一片刻有"其祀"二字，一片刻有"其尚上下韦驭"六字，第三片刻有"史告"二字。

这一燕国墓葬遗址出土有字甲骨 5 片，共 13 字。

以上几处周代甲骨的发现，使人们对于甲骨文的认识大为改观。不仅在西周的京畿地区有甲骨文出土，而且在周的晋、燕等封国也有甲骨文被发现。

陕西省周原考古队的考古工作者，在对岐山县京当公社凤雏村西周宫殿建筑基址进行发掘时，在窖藏中发现了占卜用的甲骨 17000 多片。其中卜甲 16700 多片，均为龟腹甲；卜骨 300 多片，均为牛肩胛骨。这批甲骨经过清洗整理，共发现有字甲骨 289 片，总共刻有 903 字，其中合文字 12 个。

西周丰镐遗址出土的甲骨

陕西岐山周公庙遗址

这批甲骨大多数为周初卜甲，也有少数属于灭商以前的商代晚期。甲骨上的刻辞内容极其丰富，广泛涉及到灭商以前到西周初年的政治、经济和文化等各个方面。

这批甲骨发现后，很快引起人们的注意和重视，有关周原甲骨的讨论和研究从各个方面迅速展开。例如，有一些研究人员对这批甲骨的字形、孔型和刻辞中的人名、官名、方国名、地名以及有关周初历法等一些问题进行了探索。

学者们根据这批甲骨资料，结合殷墟甲骨文中的有关资料探讨了灭商以前的商、周关系，根据这批甲骨资料论证了周原甲骨中"楚子来告"一片应为楚人先祖鬻熊投奔西周的原始记录。还讨论了这批甲骨的分期与断代问题和甲骨的来源问题，也研究了有关方国的一些问题。

这批甲骨不仅受到国内学者的重视，也引起了国外一些学者的极大兴趣，纷纷撰文参加讨论。

陕西省扶风县齐家村也于1979年发现西周甲骨22片。其中有字甲骨6片，共102字。这里出土的一块带有刻辞的较为完整的龟腹甲，仅缺甲尾和甲桥部分。此甲背面共有方形凿孔35个，正面刻有卜辞4条23字，均在卜兆附近。这片龟腹甲较大，不像过去出土的西周有字龟甲均很碎小，对其特征的观察受到较大局限。这些甲骨开阔了人们对于周原甲骨原有面貌的认识。

2003年12月14日，北京大学教授徐

陕西岐山古周原凤雏村西周宫殿遗址出土的甲骨文

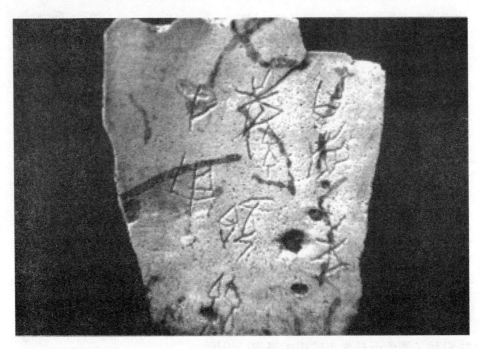

陕西周公庙发现的西周卜甲

天进在陕西周公庙附近进行田野考古调查时，发现了两片有刻辞的西周卜甲，经辨识共有 55 字。

这一重大发现立即引起学术界和国家文物局的高度关注。后来，由陕西省考古研究所和北京大学考古文博学院联合组成了周公庙考古队，对周公庙一带进行了大面积的考古钻探和抢救性发掘。在前期的考古发掘中，共清理出 3 座西周时期的卜甲坑。考古专家们对出土的甲骨进行了仔细的研究，将 760 多片卜甲拼对缀合为 500 多片，经拼对缀合后发现有刻辞的为 99 片，可辨识的文字达 495 字。刻辞内容多与军事、祭祀有关，出现最多的人名是"周公"。而地名中以"周"与"新邑"最为常见。这些发现，为研究当时的卜甲整治、刻辞文例提供了直接的文字数据，也为判定周公庙遗址的历史年代提供了文字证据。有"中国商周考古第一人"之称的著名考古学家、北京大学博士生导师邹衡教授说："周公庙甲骨文的大量出土，就其学术意义而言，堪与上世纪河南殷墟遗址的发现相比肩。"

陕西周公庙出土了大量的西周甲骨文

2008 年 9 月至 12 月，周公庙考古队在以往考古的基础上，对周公庙门前一处大面积灰土遗址进行了考古发掘，出土卜甲共计 7000 多片，有刻辞的甲骨 688 片，上面有甲骨文 1600 余字。考古队组织技术人员对这些卜甲进行了详细的清理、拼对、缀合、照相，在显微镜下仔细观察，并聘请国内著名古文字专家前来帮助辨认。在可辨识的 1600 多字中，有"王季""文王""王"等周王称谓。其中"王季"是首次发现，据推断这个名字就是指文王的父亲季历。陕西省考古研究院院长、周公庙考古队队长王占奎介绍说："据说周文王出生的时候有盛瑞，也就是说有吉祥的

陕西岐山周公庙遗址

征兆，因此文王的爷爷就决定传位于最小的儿子季历，以便通过他把王位顺利地传给周文王。"

目前，周公庙遗址出土的甲骨文中发现的文字已经超过了 2200 个，是全国 8 处发现周代甲骨文地点中最多的。根据专家的解读，这批甲骨文上还有"毕公""叔郑""周公""召公"等重要历史人物以及数字卦辞等内容。专家们认为周公庙大量甲骨文的揭秘，为明确周公庙遗址的性质和甲骨文研究奠定了重要基础，尤其是首次发现周文王的父亲"季历"

这一名字，对进一步完善西周诸王年表有重要意义。

大辛庄遗址位于山东省济南市历城区，这里是一处以商文化为主要内涵的古文化遗址。

大辛庄遗址发现于 20 世纪 30 年代，备受人们关注。山东省文物管理部门和山东大学等多次对该遗址进行调查和勘探，初步探明遗址面积为 30 多万平方米，是山东已知面积最大的一处商代遗址，在考古学上具有重要地位。

2003 年 4 月 8 日，在济南举行的大辛庄遗址重大考古发现新闻发布会上，主持考古发掘的山东大学考古系教授方辉欣喜地介绍说，考古工作者不负众望，不辞辛苦地发掘了大辛庄遗址的东南部，共开掘 30 个探方。这次发现的商代甲骨文集中出自 4 个探方的商代文化层中，已清理出有字卜甲 8 片，其中有 4 片可拼合成为 25 字的一版，由兆辞、兆数和前辞组成。据初步研究，其内容是对某位"母"进行祭祀占卜的记录。不论是甲骨修整、钻凿形态，还是字形、文法都与安阳殷墟卜辞属于同一系统。

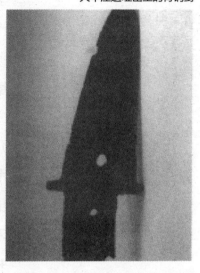

大辛庄遗址出土的青铜剑

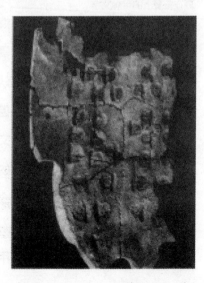

大辛庄遗址出土的卜甲

根据出土层位、文字特征和其他资料综合分析，大辛庄甲骨文的年代不晚于殷墟文化三期，距今约 3200 年。

"中国夏商周断代工程"首席科学家李学勤教授说："这是自殷墟后首次发现的商代甲骨卜辞，是甲骨文发展中的一个界标。考古界一直在苦苦寻找的殷墟主体区域外的甲骨卜辞终于有了一个令人振奋的结果。"

主持考古活动的山东大学考古系方辉教授介绍说，山东大学、山东省考古所与济南市考古所组成了大辛庄遗址考古队，于 2003 年 3 月 17 日开始在大辛庄遗址展开了考古工作。3 月 18 日，在 T2302 探方距离地面 45 厘米的深度发现了一片刻有符号的甲片，上面有两个编号，还有一个残缺的文字样刻痕。方辉教授初步判断，甲片上的符号是甲骨文，但对残缺的文字还不能进行准确的辨认。19 日又发现了一片刻有 3 个文字的甲片，但从这孤立的甲片上，考古人员还判断不出文字的内容。20 日发现了一个刻有残缺文字的小骨片。以上 3 块带有文字的残片的出现，令考古人员充满了信心。方辉教授推断说："从土层分析，一定还会有更多刻有文字的甲片出现。"果然，24 日在 T2302 探方内又

刻在兽骨上的甲骨文字

甲骨文

出土了 10 多片甲片。这些甲片都出土在距地面 50 厘米的同一个活动面上，其中有 5 片上面都有清晰的文字痕迹。3 月 25 日，经过清洗缀合，在 8 片有文字的甲片中，有 7 片甲片构成了一个几乎完整的龟腹甲，上面有 25 个清晰的甲骨文字。

甲片上刻满了神秘的符号

方辉教授在查阅了有关资料后，对文字的具体含义进行了解释："25 个文字讲述了对'母'的祭祀，即要不要对'母'进行祭祀，如需要，将采用什么样的方式进行祭祀。从内容上看，25 个文字属于卜辞。它记录的事件发生在商代晚期的早些时候，距今大约有 3200 年的历史。"专程从北京赶来的李学勤教授竖起大拇指，兴奋地说："这次发现将打开一个甲骨文挖掘研究的新局面，很有可能将大辛庄的甲骨文作为研究甲骨文和商文化的一个重要分支。"国家文物局文保司宋新潮副司长说："这对于丰富、完善商文化体系具有重大的价值，大辛庄遗址可以申请'国家级文物保护单位'。"

一百多年前，殷墟首次发现商代甲骨文，举世震惊。此后，考古界一直苦苦寻找殷墟主体区域外的商代甲骨文，但一直

大辛庄遗址出土的甲骨

没有突破性发现。如今，大辛庄商代遗址又获重大考古发现，再次出土了商代甲骨文。

"中国夏商周断代工程"首席科学家李学勤教授显得格外激动。他说："这是我国考古界非常重要的一个日子。这是自殷墟首次发现甲骨文104年后的第二次发现，也是中国考古学史上具有界标意义的重大发现，必将对中国古代历史和甲骨文的研究产生深远影响。"

李学勤教授认为从出土的甲骨文卜辞看，大辛庄遗址是商王朝在东方的一处中心性聚落，很可能是一处方国都邑。这一发现对于重新审视大辛庄遗址的性质，认识商王朝与周边地区特别是东方地区的关系，探索商代的政治制度和社会组织，提供了极其重要的资料。

长期以来，考古界一直认为甲骨文是殷墟的独有文物，大辛庄甲骨文的出土打破了这一格局，也打破了长期以来甲骨文只在王室中流传使用的认定，说明更多的人在当时就已经接触和使用文字了。夏商周断代工程首席专家李学勤说："104年以来在殷墟之外首次发现商代甲骨文，必将改写中国古代文明史。"